1

Freundschaft darf …

AF795697

Das Glück der Freundschaft

Freundschaft darf empfindungsvollen Seelen
niemals in des Lebens Stürmen fehlen;
nur wenn uns ihr holder Engel lacht,
schwindet jeder sorgenvolle Kummer;
sie nur reißt uns aus des Geistes Schlummer,
der zur Tugend neu gestärkt erwacht.

Ganz vom Weltgetümmel losgebunden
sind der Freundschaft wonnevolle Stunden:
Still und heiter strahlet unser Glück.
Wer an ihrer Hand durchs Leben wandelt,
den entflammt sie, dass er edel handelt;
ruhig blickt er in sein Herz zurück.

Doch wem blühen ihre süßen Freuden?
Wen erquickt sie auch im größten Leiden?
Den, der ihren Wert niemals verkennt.
Nicht den falschen, lasterhaften Seelen,
die aus Eigennutz sich Freunde wählen,
blüht die Blume, die man Freundschaft nennt.

Nur wenn Gleichgesinnte sich verbinden,
die der Tugend hohen Wert empfinden,
lächelt mild die holde Trösterin.
Sie vereinigt durch das Band das Wahre,
denn an ihrem heiligen Altare
fordert sie den unbefleckten Sinn.

Darin liegt das höchste Glück des Lebens.
Ach, so viele suchen es vergebens!
Ohne Tugend blüht auch Freundschaft nicht.
O mit welcher unbegrenzten Milde
führt sie uns in göttliche Gefilde!
Selbst des Kummers Nacht erhellt ihr Licht!

Luise Egloff

2

Ein Freund ist jemand …

Ein Freund ist jemand,
der die Melodie
deines Herzens kennt
und sie dir vorsingt,
wenn du sie vergessen hast.

Albert Einstein

3

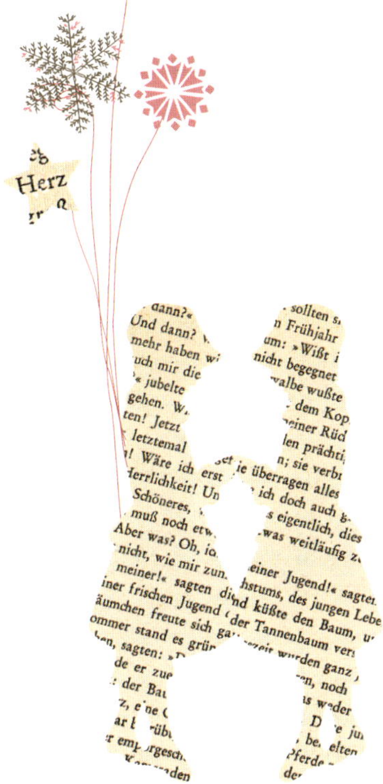

Wir wollen uns immer …

Wir wollen uns immer die Hände halten

Wir wollen uns immer die Hände halten,
damit unsre Seelen nicht in den kalten,
notvollen Nächten einsam erfrieren.

Wir wollen uns immer tiefer finden,
damit wir uns nicht wie die armen Blinden
im schwarzen Walde traurig verirren.

Wir wollen uns immer die Hände halten,
damit wir uns nicht zu tief in die Falten
des unendlichen Lebens verlieren.

Francisca Stoecklin

4

Das erlöschende Feuer …

Auszug aus:

»Jane Eyre«

»Komm, iss ein wenig«, sagte Helen; aber ich schob beides zurück. …
»Helen, weshalb bleibst du bei einem Mädchen, das jedermann für eine Lügnerin hält?«
»Jedermann, Jane? Nun, es sind doch nur achtzig Wesen, die dich so genannt werden hörten, und die Welt trägt ihrer Hunderte von Millionen.«
»Aber was habe ich mit Millionen zu tun? Die achtzig, die ich kenne, verachten mich.«
»Jane, du irrst; wahrscheinlich ist nicht eine Einzige in der ganzen Schule, die dich verachtet oder dich hasst; viele – dessen bin ich gewiss – bedauern dich von ganzem Herzen.«
»Wie können sie mich nach dem, was Mr Brocklehurst gesagt hat, noch bedauern?«
»Mr Brocklehurst ist kein Gott; er ist nicht einmal ein großer und bewundernswerter Mensch; man liebt ihn hier nicht; er hat auch niemals irgendetwas getan, um sich beliebt zu machen. … Möglich ist es, dass Lehrerinnen und Schülerinnen dich während der nächsten zwei, drei Tage mit kalten Blicken betrachten, aber glaub mir, freundliche Gefühle und Gesinnungen tragen sie für dich im Herzen. Und wenn du fortfährst, gut und fleißig zu sein, so werden diese Gefühle binnen Kurzem zutage umso augenscheinlicher treten, weil sie eine Zeit lang unterdrückt werden mussten. Außerdem, Jane –« Sie hielt inne.
»Nun, Helen?«, fragte ich und legte meine Hand in ihre; zärtlich rieb sie meine Finger, um sie zu wärmen.
Dann fuhr sie fort: »Wenn die ganze Welt dich hasst und dich für böse und gottlos hielt, so würdest du doch Freunde haben, solange dein

eigenes Gewissen dich von Schuld freispricht und dir Recht gibt.«
»Nein; ich weiß, dass ich selbst dann gut von mir denken würde; aber das ist nicht genug; wenn andere mich nicht lieben, so will ich lieber sterben als leben – ich kann es nicht ertragen, einsam und gehasst und verachtet zu werden, Helen. Sieh doch, um von dir oder Miss Temple oder sonst jemandem, den ich wirklich liebe, ein wenig wahre, aufrichtige Liebe zu erringen, würde ich mir gern den Knochen meines Arms zerbrechen oder mich von einem wilden Stier aufspießen lassen oder mich einem scheu gewordenen Pferd in den Weg werfen und meine Brust von seinen Hufen zertreten lassen.«
»Still Jane, still! Du denkst zu viel an die Liebe der Menschen; du bist zu stürmisch, zu heftig, du lässt dich zu sehr von deinen Empfindungen beherrschen. Die allmächtige Hand, die deinen Leiberschaffen und ihm Leben eingehaucht hat, gab dir andere Stützen als dein schwaches Selbst oder Wesen … Und ich weiß, du bist schuldlos. Diese Anklage, die Mr Brocklehurst aus zweiter Hand von Mrs Reed hat und dir gegenüber so jämmerlich und schwach und pathetisch wiederholt hat – sie trifft dich nicht; denn auf deiner reinen Stirn, in deinen lebendigen Augen steht geschrieben, dass du eine wahre offenherzige Natur bist …«
Ich schwieg. … Meinen Kopf an Helens Schulter gelehnt, schlang ich meinen Arm um ihre Taille; sie zog mich an sich, und so ruhten wir lange schweigend.

Charlotte Brontë

Die Stimme …

Die Stimme der
Freundschaft in der Not
zu vernehmen ist das Göttlichste,
was dem **Herzen**
widerfahren kann.

Charlotte von Schiller

Nicht Zeit und Gelegenheit …

Auszug aus:

»Verstand und Gefühl«

Nicht Zeit und Gelegenheit sind entscheidend dafür, wie weit sich zwei Menschen nahekommen, sondern allein ihre Wesensart. Bei manchen reichen sieben Jahre nicht aus, dass sie sich kennenlernen, und bei anderen sind sieben Tage mehr als genug.

Jane Austen

7

Zarter Blumen leicht …

Lied der Freundin

Zarter Blumen leicht Gewinde
bring ich dir zum Angebinde;
Unvergängliches zu bieten,
war mir leider nicht beschieden.

In den leichten Blumenranken
lauschen liebende Gedanken,
die in leisen Tönen klingen
und dir fromme Wünsche bringen.

Und so bringt vom fernen Orte
dieses Blatt dir Blumenworte;
mögen sie vor deinen Blicken
sich mit frischen Farben schmücken.

Marianne von Willemer

Freundschaft ist eine Tür …

Freundschaft ist eine Tür
zwischen zwei Menschen.
Sie kann manchmal knarren,
sie kann klemmen,
aber sie ist nie verschlossen.

Balthasar Gracián

9

Nicht da ist man …

Nicht da ist man **daheim**,
wo man seinen Wohnsitz hat,
sondern wo man
verstanden *wird.*

Christian Morgenstern

10

Nelli, rief Fräulein Güssow …

Auszug aus:

»Der Trotzkopf«

»Nellie!«, rief Fräulein Güssow. »Geh mit Ilse hinauf und hilf ihr beim Auspacken ihrer Sachen! – Du möchtest doch wohl gern deine Sachen in Ordnung haben, liebe Ilse.« …
Nellie öffnete schweigend den Schrank und zog die Schubladen auf. Dann sah sie Ilse abwartend an. »Gib mich deinen Schlüssel! Ich werde aufschließen die Koffers«, sagte sie, »wir müssen auspacken.«
Ilse verließ widerwillig ihren Platz, und da sie an irgendetwas ihren augenblicklichen Unmut auslassen musste, nahm sie den Hut vom Kopf und warf ihn mitten in das Zimmer. »Warum soll ich alles auspacken? Ich weiß gar nicht, ob ich hierbleiben werde«, rief sie. »Mir gefällt es hier nicht.«
Nellie nahm den Hut auf und legte ihn auf ein Bett. »Oh«, sagte sie sanft, »du gewöhnst dir schon! Es geht uns alle wie dich, wenn wir kommen. Du musst nur deinen Kopf nicht hängen lassen! Nun gib die Schlüssels, dass ich öffnen kann!«
Ilses Trotz konnte durch keine Waffe besser geschlagen werden als durch Nellies Sanftmut. Sie gab ihr den Schlüssel und Nellie schloss auf und begann auszuräumen. … Ruhig sah Ilse zu, wie Nellie das Schuhzeug nahm und es unten in den Kleiderschrank stellte, wie sie überhaupt jedem Ding den rechten Platz gab. »Oh, ein schönes Buch!« rief Nellie plötzlich und nahm aus dem Koffer ein Buch, elegant in braunes Leder gebunden. In der Mitte des Deckels befand sich ein kleines Schild mit den eingravierten Worten: Ilses Tagebuch. Ilse nahm es Nellie aus der Hand und sah es verwundert an. Was war das für ein Buch? Sie wusste nichts davon. Ein kleiner Schlüssel steckte in dem Schloss, und als Ilse es aufschloss, fiel ein beschriebenes Blatt gerade vor ihre Füße. Sie hob es auf und las: »Mein liebes Kind! Möge dieses Buch Dein treuer Freund in der Fremde sein! Wenn Dein Herz schwer ist, flüchte zu ihm und teile ihm mit,

was Dich bedrückt! Es wird verschwiegen sein und Dein Vertrauen nie missbrauchen. Gedenke in Liebe deiner Mama.« Ohne ein Wort zu sagen, legte Ilse das Buch beiseite. Sie empfand keine Freude über die reizende Überraschung, und die liebevollen Worte der Mutter blieben in ihr ohne Widerhall.

»Freut dir das Buch nicht?«, fragte Nellie, die sich über diese Gleichgültigkeit wunderte. Ilse schüttelte den Kopf. … »Ich würde viel Freude haben, wenn ich eine Mutter hätte, die mir so beschenkte«, sagte Nellie traurig.

»Ist deine Mutter tot?«, fragte Ilse teilnehmend.

»Oh, sie ist lange, lange tot!« entgegnete Nellie. »Sie starb, als ich noch ein kleines Baby war. Mein Vater ist auch tot – ich bin ganz allein. Niemand hat mir recht von Herzen lieb.«

»Arme Nellie!«, flüsterte Ilse und ergriff ihre Hand. »Aber du hast doch sicher Geschwister?«

»Oh nein, keine Schwester – ich sein ganz allein! Ein alter Onkel lasst mir in Deutschland ausbilden, und wenn ich gutes Deutsch gelernt habe, muss ich eine Gouvernante sein.«

»Gouvernante?«, rief Ilse erstaunt. »Du bist doch viel zu jung dazu! Alte Mädchen können doch erst Gouvernanten werden!«

Über diese sonderbare Anschauung musste Nellie herzlich lachen; nun war ihre traurige Stimmung wieder verschwunden und ihre angeborene Heiterkeit brach hervor wie der Sonnenstrahl durch graue Wolken.

Auf Ilse aber machte Nellies Verlassenheit einen tiefen Eindruck. »Lass mich deine Freundin sein!«, bat sie in ihrer kindlich offenen Weise. »Ich will dich auch sehr lieb haben.«

»Gern sollst du meine Freundin sein«, entgegnete Nellie und reichte Ilse die Hand. »Du hast mich von der erste Augenblick an so nett gefallen.«

11

Ich war schon immer …

Ich war schon immer der Ansicht,
dass das größte Privileg,
die größte Hilfe *und*
der größte Trost
in einer Freundschaft
darin besteht, dass man
nichts erklären muss.

Katherine Mansfield

Du willst das Glück …

Du willst das Glück
in der Liebe sehen.
Da ist es nicht.
Das Glück ist in der Ruhe,
in der Freundschaft;
die Liebe, das ist ein Sturm, ein Kampf.
Gut, ich werde dir eine
andere Liebe zeigen;
Freundschaft, das heißt Ruhe,
verbunden mit einer Lust,
das heißt dem Genuss,
das ist Glück.

George Sand

13

Du pflückst nun Trauben …

Einer Freundin zum sechzigsten Geburtstag

Du pflückst nun Trauben, denn es ist Oktober,
der Herbst ist reich. Schwer sind die Körbe,
angefüllt die Schober.
Die Schränke voll Linnen weich.

Wie still das Haus! Die Arbeit ward gelinder
als sonst der Brauch.
Erwachsen sind die Kinder, Kindeskinder
umblühen dich bald wohl auch.

Ein frühes Feuer knistert im Kamine,
der Abend fiel;
da summt ums Haupt dir zart wie eine Biene
Erinnerungsspiel.

Hats nicht geklopft? Wer sind die späten Gäste?
Herein zum Tor!
Kennst du uns nicht?
Wir wünschen Glück zum Feste,
wir singen dir Lieder vor.

Von alter Freundschaft, Hoffnung, Kurzweil,
Plagen, Mondschein und Föhn,
von bunten, tollen, stürmisch jungen Tagen –
war es nicht schön?

Ricarda Huch

14

Zwei Freunde wanderten …

In den Sand geschrieben

Zwei Freunde wanderten durch die Wüste. Während der Wanderung kam es zu einem Streit und der eine schlug dem anderen im Affekt ins Gesicht.
Der Geschlagene war gekränkt. Ohne ein Wort zu sagen, kniete er nieder und schrieb folgende Worte in den Sand: »Heute hat mich mein bester Freund ins Gesicht geschlagen.«
Sie setzten ihre Wanderung fort und kamen bald darauf zu einer Oase. Dort beschlossen sie beide, ein Bad zu nehmen. Der Freund, der geschlagen worden war, blieb auf einmal im Schlamm stecken und drohte zu ertrinken. Aber sein Freund rettete ihn buchstäblich in letzter Minute.
Nachdem sich der Freund, der fast ertrunken war, wieder erholt hatte, nahm er einen Stein und ritzte folgende Worte hinein:

»Heute hat mein bester Freund mir das Leben gerettet.«

Der Freund, der den anderen geschlagen und auch gerettet hatte, fragte erstaunt: »Als ich dich gekränkt hatte, hast du deinen Satz nur in den Sand geschrieben, aber nun ritzt du die Worte in einen Stein. Warum?«

Der andere Freund antwortete: »Wenn uns jemand gekränkt oder beleidigt hat, sollten wir es in den Sand schreiben, damit der Wind des Verzeihens es wieder auslöschen kann. Aber wenn jemand etwas Gutes tut, dann können wir das in einen Stein gravieren, damit kein Wind es jemals löschen kann.«

Weisheitsgeschichte

15

Einen Menschen wissen …

Einen Menschen wissen,
der dich ganz versteht,
der in Bitternissen
immer zu dir steht,
der auch deine Schwächen
liebt, weil du bist sein;
dann mag alles brechen,
du bist nie allein.

Marie von Ebner-Eschenbach

15

16

Ein Freund ist …

Von der Freundschaft

Ein Freund ist die Antwort auf das, was euch fehlt.
Er ist das Feld, auf das ihr Liebe sät
und dankbar erntet.
Und er bietet euch einen Stuhl an seinem Tisch
und einen warmen Platz.
Denn ihr kommt hungrig zu ihm
und sucht bei ihm euren Frieden.

Wenn er offen und ehrlich mit euch redet,
dann habt keine Angst vor eurem ›Nein‹,
noch haltet euer ›Ja‹ zurück.

Und wenn er schweigt,
dann hört euer Herz seinem Herzen zu;
denn alle Gedanken, Sehnsüchte und Erwartungen
werden aus der Freundschaft geboren und in ihr geteilt,
wortlos und mit stiller Freude.

Wenn ihr geht, dann seid nicht traurig;
denn das, was ihr am meisten an ihm schätzt,
zeigt sich vielleicht klarer, wenn er weg ist,
so wie sich der Berg dem Bergsteiger
von der Ebene aus klarer zeigt.

Und unterwerft eure Freundschaft keinem Zweck,
es sei denn, die Seele zu erweitern.
Denn Liebe, die bloß ihr eigenes Geheimnis
aufdecken möchte, ist keine Liebe,
sondern ein ausgeworfenes Netz,
das nur Wertloses fängt.

Lasst eurem Freund das Beste.
Und wenn er eure Ebbe erfahren muss,
dann zeigt ihm auch eure Flut.
Denn was ist ein Freund, den man nur aufsucht,
um die Zeit totzuschlagen.
Sucht ihn vielmehr auf, um die Zeit mit Leben zu erfüllen.
Denn er ist da, euch das zu geben,
was ihr braucht – nicht für eure innere Leere.
Lacht und habt Freude miteinander
in einer glücklichen Freundschaft.
Denn im Tau der kleinen Dinge findet das Herz
seinen Morgen und seine Erfrischung.

Khalil Gibran

17

Menschen zu finden …

Menschen zu finden,
die mit uns fühlen
und empfinden,
ist wohl das schönste
Glück auf Erden.

Carl Spitteler

Das Schönste an …

Das Schönste
an einer Freundschaft
ist nicht die ausgestreckte Hand,
das freundliche Lächeln oder
der menschliche Kontakt,
sondern das erhebende Gefühl,
jemanden zu haben,
der an einen glaubt
und einem sein Vertrauen schenkt.

Ralph Waldo Emerson

Freunde sind wie …

Auszug aus:

»Der kleine Prinz«

Freunde sind wie Sterne.
Du kannst sie
nicht immer sehen,
aber du weißt,
sie sind immer für dich da.

Antoine de Saint-Exupéry

19

20

Wir sind durch Schnee …

An eine Freundin

Wir sind durch Schnee und Regen
so oft zusammen gegangen,
auf rauen und glatten Wegen,
an frohen Tagen und bangen.
Wir lernten zusammen zu schweigen
und stritten uns nie vergebens;
wir möchten den Berg des Lebens
wohl gut miteinander besteigen.

Ricarda Huch

20

21

Denn ohne Worte …

*Denn ohne Worte werden
in der Freundschaft alle Gedanken,
alle Wünsche, alle Erwartungen
geboren und geteilt, mit einer Freude,
die keiner Bestätigung bedarf.*

Khalil Gibran

22

Dem nur blühet wahres …

In ein Stammbuch

Dem nur blühet wahres Glück,
den auf seinem Pfade Freundschaft leitet.
Was es seinen Lieblingen bereitet,
gab dir alles das Geschick.

Eins nur ist zu geben mir geblieben
und dies Einzige biet ich dir an:
eine Seele, die dich innig lieben
und dir Freundschaft geben kann.

Franz Grillparzer

23

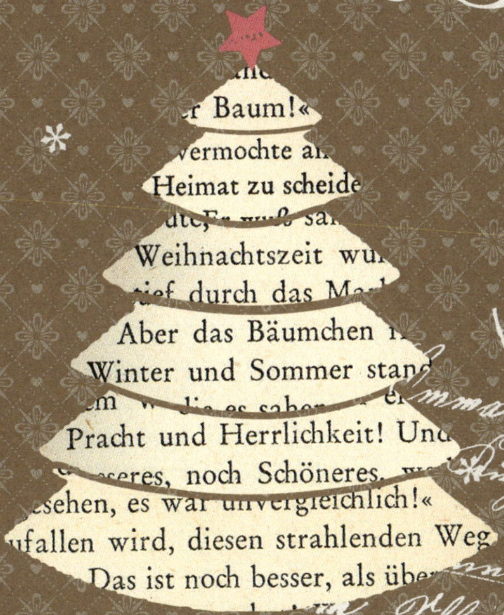

Von allen Geschenken …

Von allen Geschenken,
die uns das Schicksal gewährt,
gibt es kein größeres Gut
als die **Freundschaft** *–*
keinen größeren Reichtum,
keine größere **Freude***.*

Epikur

23

24

Du wirst in der Nacht …

Auszug aus:

»Der kleine Prinz«

»Du wirst in der Nacht die Sterne anschauen. Mein Stern wird für dich einer der Sterne sein. Dann wirst du alle Sterne gern anschauen und alle werden sie deine Freunde sein. Und dann werde ich dir ein Geschenk machen.« Er lachte noch.

»Ach! Mein Kleiner, mein Kleiner! Ich höre dieses Lachen so gern!«

»Gerade das wird mein Geschenk sein.«

»Was willst du sagen?«

»Die Leute haben Sterne, aber es sind nicht die gleichen: Für die einen, die reisen, sind die Sterne Führer. Für andere sind sie nichts als kleine Lichter. Für wieder andere, die Gelehrten, sind es Probleme. Für meinen Geschäftsmann waren sie Gold. Aber alle diese Sterne schweigen. Du, du wirst Sterne haben, wie sie niemand hat …«

»Was willst du sagen?«

»Wenn du nachts den Himmel anschaust, wird es dir sein, als lachten alle Sterne, weil ich auf einem von ihnen wohne, weil ich auf einem von ihnen lache. Du allein wirst Sterne haben, die lachen können!« Und er lachte wieder. »Und wenn du dich getröstet hast, wirst du froh sein, mich gekannt zu haben. Du wirst immer mein Freund sein. Du wirst Lust haben, mit mir zu lachen. Und du wirst manchmal dein Fenster öffnen, gerade so, zum Vergnügen. Und deine Freunde werden sehr erstaunt sein, wenn sie sehen, dass du den Himmel anblickst und lachst. Dann wirst du ihnen sagen: ›Ja, die Sterne, die bringen mich immer zum Lachen!‹«

Antoine de Saint-Exupéry

24